詩情畫意

文匯出版社

图书在版编目(CIP)数据

诗情画意/悟义著.—上海:文汇出版社,2020.9
ISBN 978-7-5496-3307-4

Ⅰ.①诗… Ⅱ.①悟… Ⅲ.①诗集-中国-当代
Ⅳ.①I227

中国版本图书馆CIP数据核字(2020)第168895号

诗情画意

著　　者 / 悟义
插　　画 / 雪山静岩
责任编辑 / 戴铮
特约编辑 / 灵和
策　　划 / 不二美术馆
装帧设计 / 天月

出版发行 / 文汇出版社
　　　　　上海市威海路755号
　　　　　(邮政编码200041)
经　　销 / 全国新华书店
印刷装订 / 上海颛辉印刷厂有限公司
版　　次 / 2020年11月第1版　2020年11月第1次印刷
开　　本 / 720×1000　1/16
字　　数 / 60千字
印　　张 / 14.75
印　　数 / 1-5000
书　　号 / ISBN 978-7-5496-3307-4
定　　价 / 68.00元

纸书专享,扫码倾听

禅者悟义

『雪山圆相』当代艺术传承者；

水月太极创始人；

禅学作家。

著有中国禅(CHAN)丛书系列,包括禅养生系列《茶密人生》《茶密功夫》；禅文化系列《茶密禅心》《禅者的秘密·饮食》《禅者的秘密·禅茶》《诗情画意》；禅与生命系列《本能》《生存》《禅》；水月太极系列《莲花太极》《莲花导引》《莲花九式》；禅修系列《禅舍》《五心修养》；禅艺系列《雪山静岩不二禅画释义》《不二禅颂》；禅法系列《中国禅》《至宝坛经》《金刚经心要》；禅画美学系列《高明中庸 修身为本》；中国禅讲座系列《禅问》；国学系列《道德经指要》；中国禅纪录片系列《莲花太极》《中国禅》《雪山圆相》《禅者悟义》；"北大、复旦生活禅智慧"讲座光盘等。

前言

金秋时节,我来到西域行脚。

每次路过一座座古城,我便会长时间在土垒上坐禅,感受周遭的一切。

时间仿佛被停止了一般地宁静,空间仿佛被压缩了一般地凝固,身处这么一个天苍苍野茫茫的环境,我能见古人,能见来者否?或者,我就是古人,我就是来者?每一位积极寻找、不断发现、持续努力去解读天地密码的人,都是古人和来者的化身,谁越能放空自己,谁就越能感而遂通天地万物。

天地之间,唯有关系,人,是链接关系的能动元素。灵性具足的人,会关心天体天象宇宙变化,会细心发现万物间不可思议的微妙关系。前后、重叠、矛盾、冲突、和谐、压制、突围、共存……无不是关系的变化,能体悟内在关系的人,能预知不足,会发现窍门,懂总结归纳,这些智者在启发人类的智慧,开发并维护万物和谐共存之道。

为了唤醒某些沉睡的能量,我在土垒上放声歌唱。歌声引来了沙丘里好奇的蜥蜴,它们仰着头,看着我这位不速之客,身体一动不动,然而我能听见,它们在和着我的音,和我同呼吸、共起伏。

这里,静得只有风。风,像个调皮的孩子,不停地忽高忽低、忽大忽小、忽强忽弱地和着嘹亮的禅音玩耍。

风,是什么?医书上讲叫"传"。

传入体内的风叫"气":邪气入体,是伤风;正气存身名曰"沉"。

"沉"是人顺其自然而因势利导的主动作用,好像东西在静水中随着地心吸力徐徐下降,松静自然,无一毫勉强之意,这就是风气和合、合二为一生出人的活力,此活力与天地共鸣,与日月共振,与古今共渡,与一切生命共通。

在白垩纪,这里曾是一个个淡水湖泊,当时气候温暖湿润,林木繁茂,爬行类动物繁衍,蜥蜴们就是从那时一直繁衍生息到今天的。它们看着这里一幕幕上演的精彩故事,看着人类社会的各种变化,而当时惊天地泣鬼神的故事,在自然中不过如白驹过隙,忽然而已。

如今这些历史、这些故事、这些人物都在某处安睡,它一睡千百年,我用清音去与其汇合,用心音去走进,再走进这层层叠叠的过去、未来、现在,而后在这个无与伦比的当下交织呈现。

坐在那里,行在那里,历史从不曾走远:国主的威仪历历在目,守城将士与我擦肩而过,求法僧的足迹就在脚下……我闭目内观,在心中和古人的回眸相应,那些不曾离开的身影、目光、血光、泪光,摇曳掉阖,一次次拨动着我的心弦。

西域的这些古国,有的曾是雄霸河西走廊的民族被匈奴人驱赶至此而建;有的则是不同的游牧民族集结起来,自然形成的集市、堡垒、国家。它们都曾经享誉天山南北,曾是玉石之路、丝绸之路、茶叶之路、传法之路上一个个鲜活故事的落脚点、发生地。

大月氏、乌孙、匈奴、柔然、鲜卑、突厥、波斯、蒙古、乌桓、女真、契丹……这些熟悉的名字在脑海里轮番出现;那些铁骑的影子,交相辉映:粟特人驼队的驼铃就在耳边,伊犁河谷健马的嘶鸣从远处传来,乌头羊还在天山脚下优哉游哉地吃着草……古道没有起点,没有终点,无前无后的生命亦是。

坐着坐着,历史便在这每一粒尘埃里鲜活起来,在我眼前鲜活起来。

"敦薨浦"养育了孔雀河,孔雀河灌溉了罗布泊,土壤肥沃的楼兰曾生产稻、粟、菽、麦,有鱼盐蒲苇之饶,还出产枣、葡萄、梨等水果。

如今,络绎不绝的商队、风情万种的胡姬、飘香醉人的美酒、玲珑剔透的夜光杯、委婉动听的箜篌、激扬青春的羯鼓、琳琅满目的货物,以及操着不同口音的各国各族人,都不曾离去,墙壁好似电影幕布,虽然早已被雨水、风刷腐蚀得失去了当年的雄壮,但结实的夯土筑造还能放映出精彩的影像。

我,就静静地、静静地,在满目的断壁颓垣中,看着这未曾散场的电影,听着战马嘶鸣,看着旌旗飘扬,敬佩着古人的忍耐与豪放。

现代人的退化多是从疏远了学习、自律、自觉和反思开始,从过分迷恋在物质生活上,从世界观、价值观、人生观的缩小开始,从自我的无限放大开始,从利益决定态度开始,从失去谦虚开始。年轻人在毕业后盲目忙于工作应酬和生活享乐,结婚后忙于家庭孩子,创业后忙于发展扩大,整天在名利场打滚,无论是享乐还是事业,只要有利益,就不懂节制,就不懂为他人谋福利,于是一叶障目,不见泰山。彼时的清秀少年不知何时,要么变得脑满肠肥一脸横肉,臃肿不堪;要么变得咄咄逼人,自命不凡;要么变得唯唯诺诺,谎话连篇;要么变得追名逐利,俗气熏天;要么变得自私自利,狭隘固执;要么变得唠唠叨叨,家长里短;要么变得理想主义,眼高于顶;要么变得幼稚可笑,巨婴儿童;要么变得麻木不仁,冷漠无情……

"结庐在人境,而无车马喧。问君何能尔?心远地自偏。采菊东篱下,悠然见南山。山气日夕佳,飞鸟相与还。此中有真意,欲辨已忘言。"

渊明先生退隐田园,看上去"不戚戚于贫贱,不汲汲于富贵",这不仅是一种归隐,他的气节里始终带着一种令人神往的刑天的勇气。

行脚,不是为了散心,不是为了旅游,不是为了增加知识,不是为了逃避,而是为了与天地合。西域与中原、骑兵与隐士、匈奴与汉人……哪里都有共通点。

合,是生命的铠甲,能陪伴一个人终生的,只有自己的心。

沙漠戈壁里似乎什么都没有,却流淌着天地间无穷的激情;红尘嚣嚣中似乎极大富饶,却不乏处处忙碌却苍白无力的呻吟。西域、西方文明和中华文明的内存性和延续性是息息相关的,这条古道是求同存异的文明之路。

在今天以美国为主导的西方文明占据领导地位的现代,中华文明不可能不伴随着科学发展而崛起。宇宙万物运转的规律,最简单的日升日落、白天与黑夜,哪怕是两极的极昼极夜也是半半平衡,这,叫:阴阳。

世界不可能只有西方没有东方,只有物质发展没有精神觉醒。西方文明极大丰富了物质,提高了人民的福利,然而赚钱、投资、升迁、消费、福利等等不能丰富人的内在精神,所以许多人离开手机就慌张,没人搭理就无聊,拿着高福利却整天罢工,有些人不闹事就没有存在感:这是精神的病态!精神空虚,内心无力,看不清自己贪得无厌的精神状态会因为物质丰富而改善吗?

西方文明尤以美国人的价值观为主导,作为人类的阳面,强调细分、还原、分析,发展出新兴工业、科技、智能,而东方文明作为人类文明的阴面,尤以中华文明为核心,强调统一、和谐、内敛、谦虚、自律、自强不息,予世界以包容、尊重,推崇世界共同发展,这是在物质极大发展后的一股清泉、一味清凉剂。

独阴不长,独阳不生。

阴阳和合,世界大美。

文明不可能只存在一种形式。世界应该庆幸的是,因为东方文明的存在,因为中华文明的光辉,人类才不会落入一面、偏执于一边,这本是无可替代的自然规律,多元的文明才是人类活力之源。

不脱离二分法的单向思维,会表现出各种类型的精神问题,多疑、狂躁、不安、恐惧、抑郁、轻信、自卑、自大……哪一点不是精神问题?现代社会的大多数问题都是精神偏执产生的,极端宗教、极端暴力、极端认识从而引起社会不和谐、个人身心不健康。

中华文明强调内求，儒家曰"慎独"，道家曰"无为"，佛法曰"戒律"，禅门曰"但用此心"，实则无时不在设法修正自己，归于原处，回至来处，融入宇宙洪流，合于大道。回头是岸，当下即是。

生命的结构单位是细胞，细胞的生命周期是由它内部的时钟来决定，决定细胞何时停止分裂，从而使机体进入衰老。物种随着细胞的分裂，染色体中的端粒会越来越短，当短到一定程度时就无法再复制，这个细胞就会死亡。而只要端粒足够长，就意味着细胞生命力足够强大。胚胎时期胎儿呈阳性，细胞分化速度极快，能力极强，那就是纯阳之体。老子说归于婴儿，就是人能通过自我调节、自我修身养性归于这种生机、这种活力。

人，并非随着年龄必须不断衰老，衰老总在自大时诞生，盲目故而自大，无知故而愚昧，回归从谦虚处开始。

在冷漠的社会环境背后，依旧有人心。人心温润，人心善良，人心有活力，则处处可见春光无限。有心的人，困难处亦是崛起处。

中华文明之伟大，全在这个"大"上。"大"者，心大、法大、境界大，阳明先生说："大人者，以天地万物为一体者也，其视天下犹一家，中国犹一人焉，若夫间形骸而分尔我者，小人矣。"

身为国人，我们尊重、接纳自己的文明就是爱国,不忘本才是立命之本,不忘初心才有圆满人生。

一个人究竟如何面对生命?从而不在忙碌中迷失?不在得失间徘徊?不在偏见上执著?不在贪欲和情绪里波动……

让我们多亲近大自然,放下妄想和执著,多体悟人生无常,体会人性之不变的善恶美丑,令自己的内心丰富而充实起来。

即将出版的这本《诗情画意》便是一本令人思索的书。诗与画,其内涵便是帮助人充实内心,远离颠倒梦想。

是为序,与君共勉。

感恩中国禅智慧导师楼宇烈先生!

感恩恩师雪山静岩博士!

感恩一切有缘!

2019年10月8日

目录

禅颂

001	无我歌	052	应机
002	灵台曲	053	化机
005	云上曲	054	忘机
007	春日	055	玄机
008	水月江湖曲	056	破机
011	宝积堂	057	随机
027	画法	058	变机
028	宴坐	059	对机
029	观音	067	直指
030	无住	069	雨后
031	皎然	070	光
032	蓬莱	072	修炼
033	无心笔	074	水月
034	画踪	077	鉴行
035	有声画	078	常心
046	金刚颂(一)	079	明心
047	金刚颂(二)	087	红尘
049	普度	088	月夜

091	颂万源		127	知梦
092	玄玄		129	得意
094	学		130	上都
097	随心		133	华雨
099	合道		141	寻剑堂
101	对坐		143	夜读有感
103	圆通		145	不二
104	天道		147	虚实
106	万行		148	道场
109	谁		150	赠灵川
110	非常		153	丝路
112	凌波		154	高明
115	梦		157	归宗
117	重逢		159	长安
119	逍遥		161	愿
120	中空		162	行脚
123	师道		165	如梦
124	忆长白		167	中秋
125	颂长白			

颂诀

172　中庸诀

179　玄机诀

185　圆相诀

191　圆相颂

195　运气诀

197　至宝坛经悟道诀

209　金刚诀

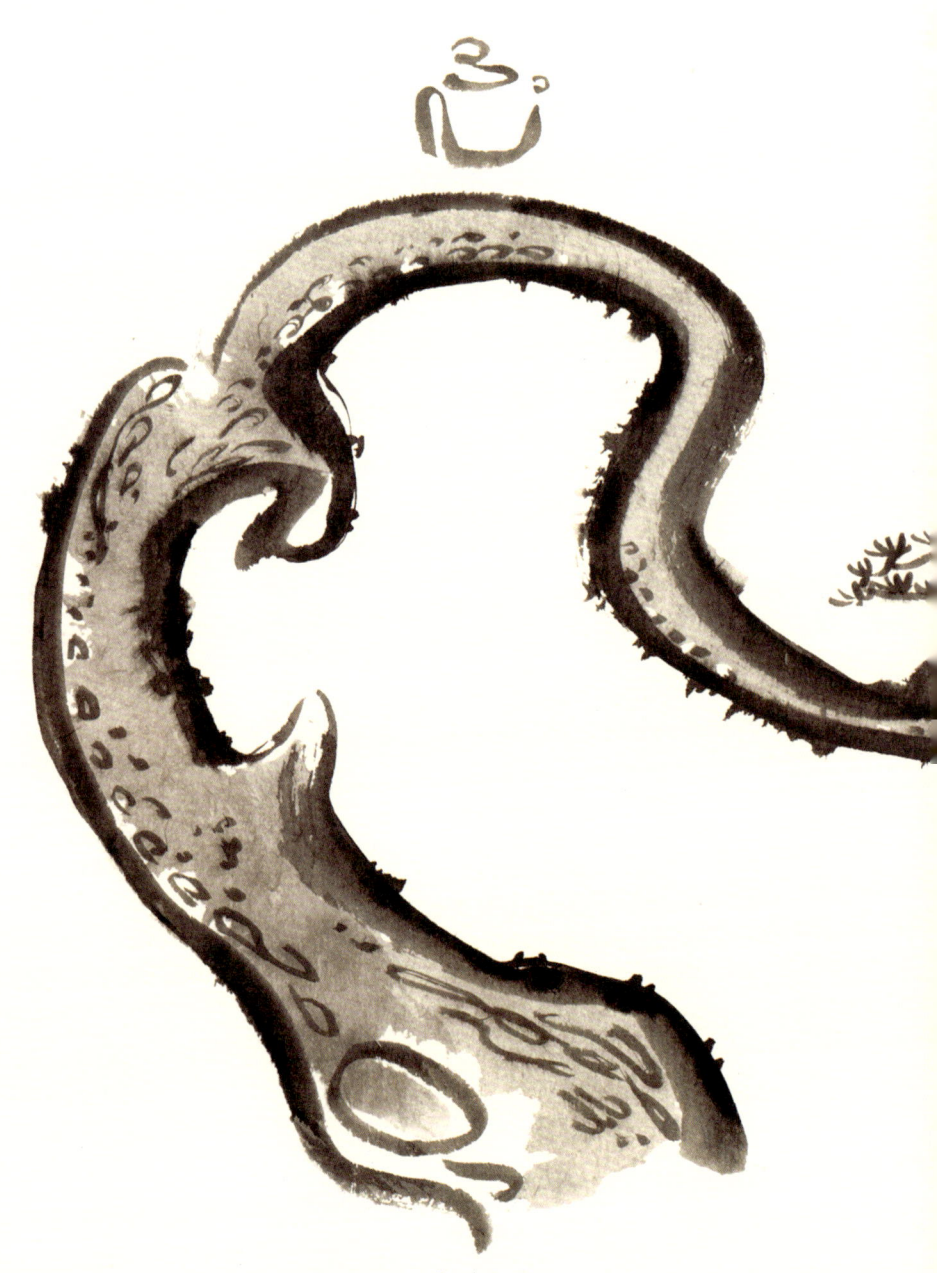

禅颂

可诵可唱
可参可悟

无我歌

无来无去,怕什么?

无始无终,留什么?

无前无后,争什么?

无生无死,了什么?

灵台曲

忽见莲花开,

芳泽遍灵台。

酽茶三两碗,

禅心印花来。

一音說法

雪山静岩博士 《一音说法》

云上曲

皓月当空明寂寂，
萧萧寒影随月移。
苍茫天地一圆相，
忽有清风振白衣。

雪山静岩博士 《乾坤》

春 日

夕阳映霞光,

玄云笼衣裳。

起舞天地间,

吾心何苍茫。

五峯寒冰床,

冷月无情霜。

孜孜矻矻力,

无为治平章。

水月江湖曲

水月江湖白云飞,
风凉遥看水光微。
隔秋仍闻蛙声鼓,
无来无去天下归。

悦

雪山静岩博士 《悦》

雪山静岩博士 《欢喜》

宝积堂

海潮滚滚风波浪,

凌波点点水月桩。

千年一梦弹指通,

长啸,须弥顶上落落风。

指月拈花无相手,

俯仰,宝积禅舍万家藏。

北国冰城初秋意,

却道,秋去冬来又长春。

雪山静岩博士 《弥勒》

雪山静岩博士 《观音》

雪山静岩博士 《文殊》

雪山静岩博士 《普贤》

雪山静岩博士 《地藏》

雪山静岩博士 《龙树》

雪山静岩博士 《宝积》

雪山静岩博士 《电影》

電影
知法如電影
應作如是觀

雪山圆相九颂

画 法

运三界之云水，

化五墨染巨橡。

融禅心于天地，

藏大化布端毫。

悟不二以圆相，

演禅艺而独步。

泼翰墨显禅法，

燃无尽众心灯。

雪山圆相九颂

宴　坐

振衣千仞孤峰上，

云水悠悠风清扬。

目送归鸿心焯焯，

坐对无言看斜阳。

雪山圆相九颂

观 音

月上柳梢穿云林，

空山鸟语伴瑶琴。

一曲流水江湖远，

不动道场越古今。

雪山圆相九颂
无 住

未栖梧桐木，

怎知禅无住。

寒意何地起，

风在最高处。

雪山圆相九颂
皎 然

笔画松木当寒空,

一吼一啸一禅风。

起落洒然烟波渺,

大千世界一画中。

雪山圆相九颂
蓬 莱

笔走龙蛇大罗仙,

白发丹心不老颜。

混莽八荒气太古,

退藏寂静不知年。

雪山圆相九颂
无心笔

韬光蹑影画无心,
戏墨淋漓观者惊。
似曾相识本来意,
直指人心度有情。

雪山圆相九颂
画 踪

恣意圆相松,

神鬼莫测踪。

树下开千席,

谈笑法意浓。

水墨寓新意,

群坐百丈峰。

峰峦纵横扫,

万法归大同。

雪山圆相九颂
有声画

一袭布衣覆烟霞,

色空不二处处家。

眠岁月,卧长空,

禅心指路走天涯。

大圆镜中红尘照,

不二船上巨浪淘。

从风摆,随他飘,

风波江中任逍遥。

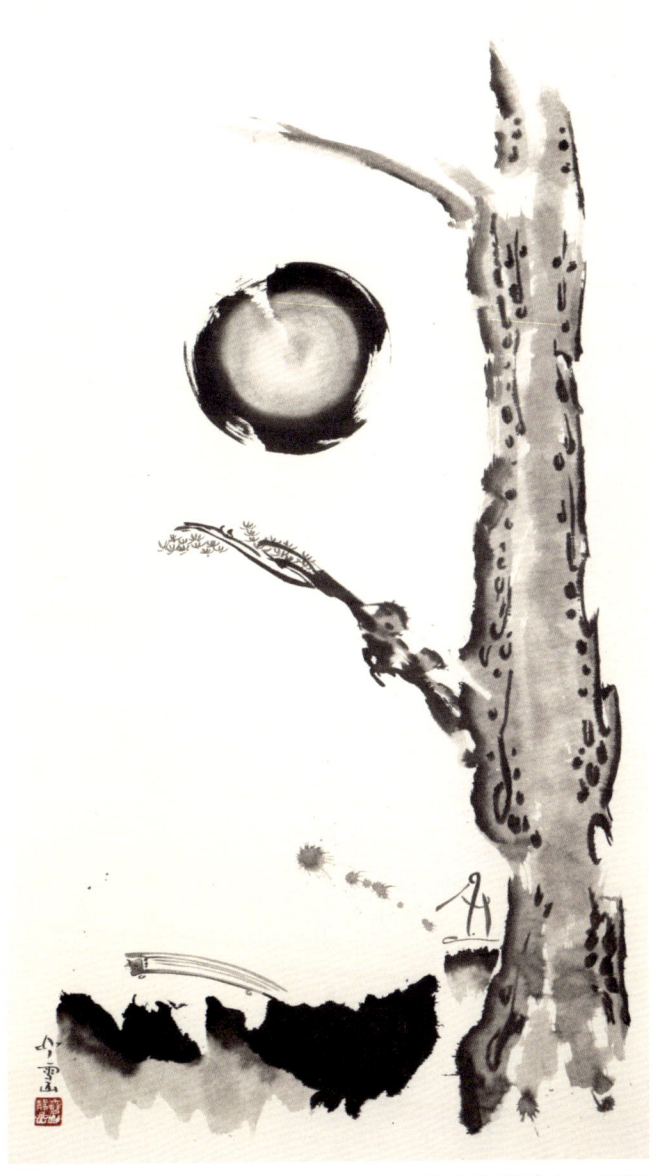

雪山静岩博士 《琴》

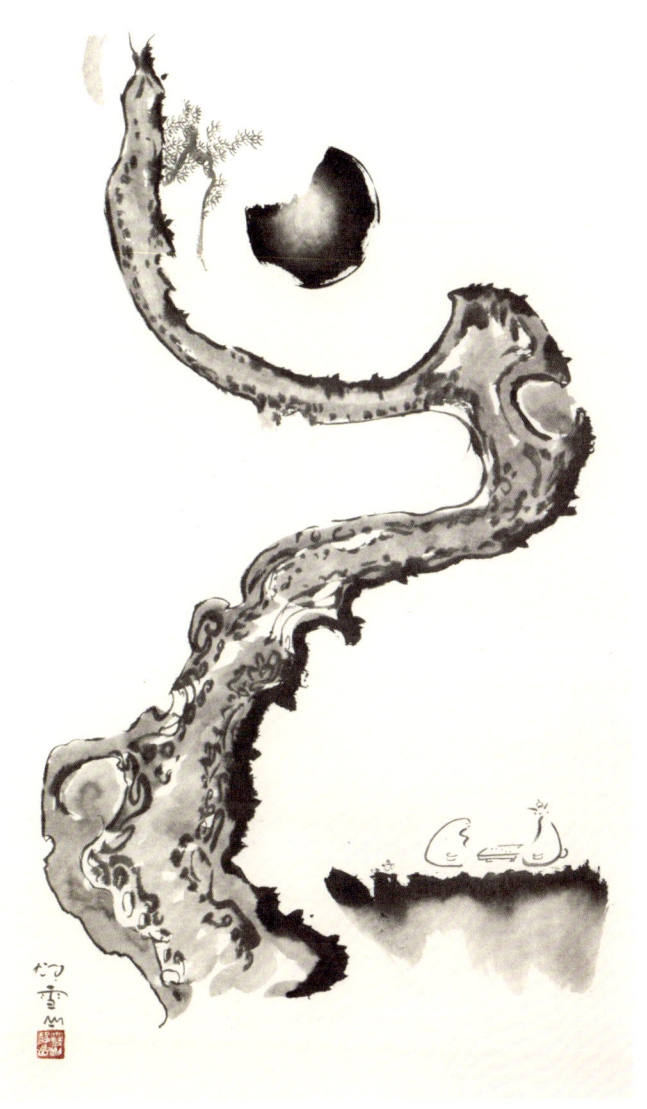

雪山静岩博士 《棋》

雪山静岩博士 《书》

畫

雪山静岩博士 《画》

茶

雪山静岩博士 《茶》

雪山静岩博士 《天龙》

金刚颂
（一）

菩萨摩诃萨，无诤无短长。

如是降伏心，应机显青黄。

慈悲红尘住，白衣印晚霜。

六道普含灵，妄为六根障。

真妄犹难辨，般若岂度量。

自心皆具足，唤醒需法光。

电闪雷鸣风，无量号金刚。

金刚颂
（二）

能断金刚，万法中王。

三心不得，常寂清凉。

实相无相，巍巍堂堂。

广为人说，功德无量。

如来如去，三十二相。

如是安住，狂心伏降。

破执明幻，人间道场。

能断金刚，万法中王。

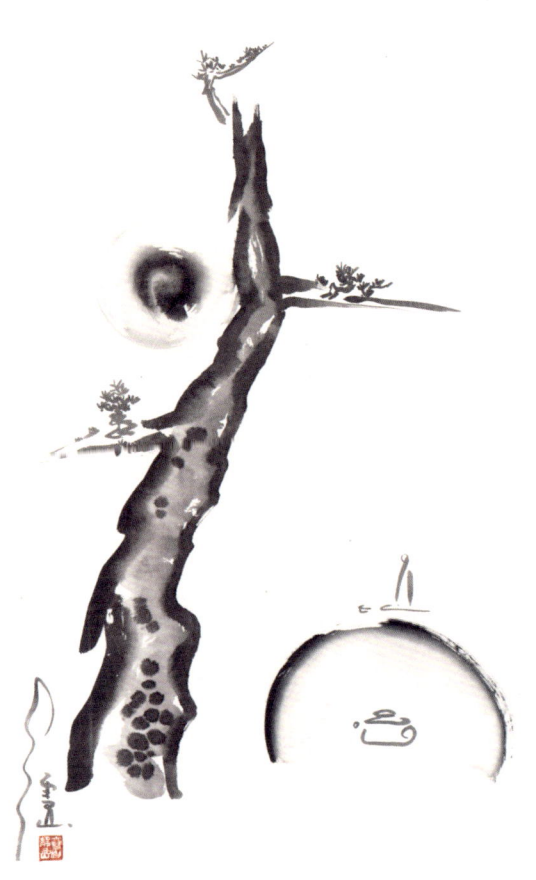

雪山静岩博士 《独坐大雄峰》

普 度

众生苦被境碍心，
忙忙碌碌身心病。
春花秋月无尽意，
遍看古今几人明？
三昧菩提金刚法，
千年不绝通天音。

雪山静岩博士 《龙行天下》

龍行天下

应 机

笔墨文章是道场,

澄心一片烦恼亡。

无在不在见性门,

心安处处是家乡。

化 机

日出天池月无影,
云上长白山有衣。
观至乾坤玄妙处,
始知日月不曾移。

忘 机

鸟道路,云中窟。

音观音,互回互。

水中月,普门现。

忘机时,一念悟。

玄 机

心似寰宇无量际,
从痴有爱病养身。
挂锡红尘栖心印,
游刃须弥等闲人。

破 机

我有一禅机,

闭目神视伊。

灵玄是非是,

动静奇不奇?

随 机

性真动静如，
圆明法界空。
不离俗世外，
出世入世同。
有心破众愚，
无心斗狂风。
立地一声啸，
俯仰天地梦。

变 机

修去修去，

万丈光芒去，

紫衣金阁去，

神鬼莫测去，

得兴存亡去，

轮回因果去，

枯木坐禅去，

妄想执著去，

分别思量去，

去去去……

对 机

修来修来，

红尘滚滚来，

随缘自在来，

大慈大悲来，

乾坤颠倒来，

游戏三昧来。

万境如如来，

一念万年来，

立地成佛来，

来来来……

雪山静岩博士 《清凉地》

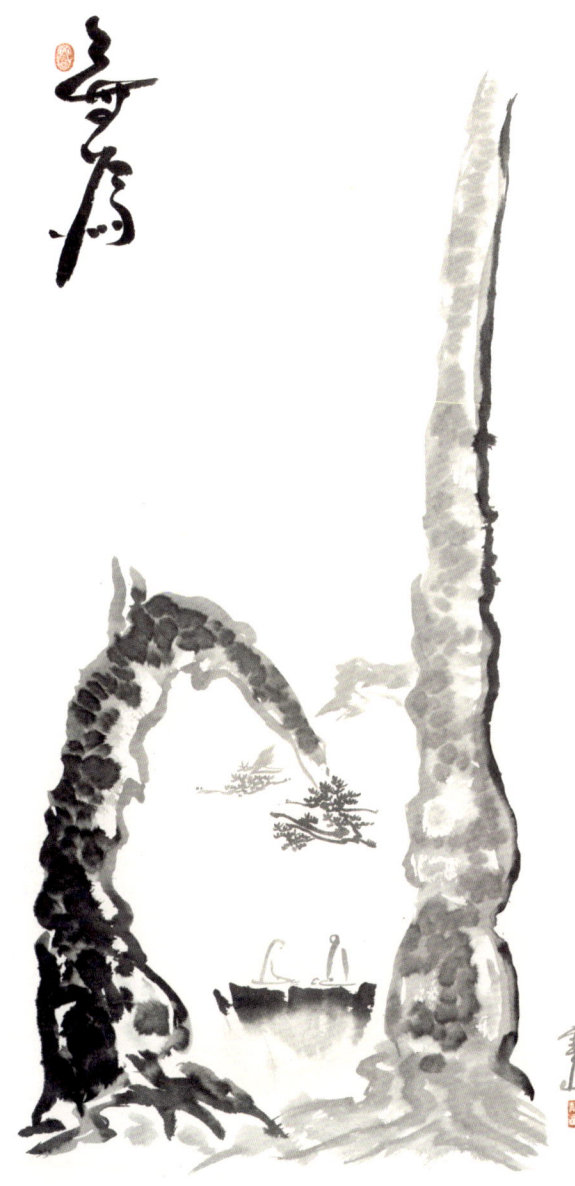

雪山静岩博士 《无为》

如來如去

雪山静岩博士 《如来如去》

直 指

枯枝初临雪，

大风起青萍。

沧浪一声啸，

唤起未醒人。

雪山静岩博士 《如意》

雨 后

云上一大千，

云下不知年。

万象君不见，

尤自舞翩跹。

光

夜明珠自润,

何须日月光。

本来无所至,

何必定身位。

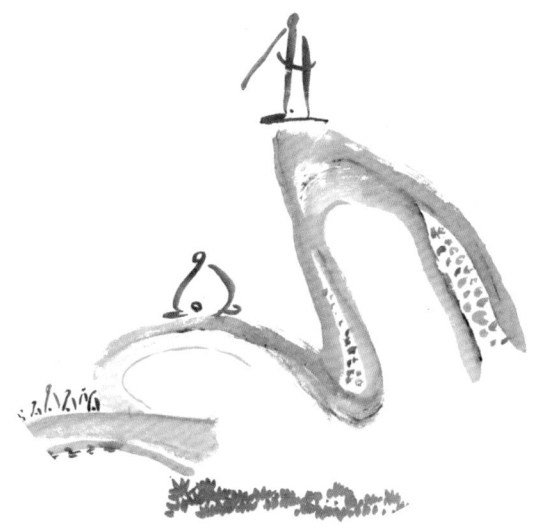

修 炼

佛法无多子,

动静有急迟。

炼得翻云手,

一气会灵知。

雪山静岩博士 《知音》

水 月

笑立烟波里，

山凉入髓风。

单衣试秋意，

无碍遍长空。

星夜枕月眠，

万物独自梦。

真假水中月，

水中月假真。

雪山静岩博士 《长青》

雪山静岩博士 《无名》

鉴 行

直觅寻禅踪，

户牖卧潜龙。

起行舞红尘，

清凉雨纷纷。

长春凤凰里，

寥寥数语励。

心声感天地，

誓唤梦中人。

常 心

普门夕照簧,
拂柳风清扬。
炊烟西峡谷,
风送百花香。
对境清净坐,
往来红尘忘。
法雨萌萌时,
常心不思量。

明 心

自性本无别，

万物共圆光。

增之无收益，

减之亦无伤。

善恶是非同，

起用才不妨。

明心见性法，

无一可思量。

雪山静岩博士 《般若龙船》

雪山静岩博士 《天龙八部》

雪山静岩博士 《飞龙在天》

红 尘

茫茫人海醉红尘，

时时遥望北国春。

而今得遇逍遥法，

方知本来不死人。

月　夜

月上枝头歌舞颂，

一袭白衣法玲珑。

慈悲喜舍莲花雨，

无量无边无始终。

雪山静岩博士 《中道》

颂万源

妙兮妙兮胡不归,

虚空长白月明辉。

一心万心心源处,

拈花一笑万源随。

玄 玄

醉卧横渠玄外玄,

紫气东来伴歌眠。

龙昆彪仲说祖意,

曹溪水月有洞天。

雪山静岩博士 《一圆五相》

学

百尺竿头未曾休,

明明有路人不游。

鱼龙出入任浮沉,

十方光照代代秋。

雪山静岩博士 《无尽藏》

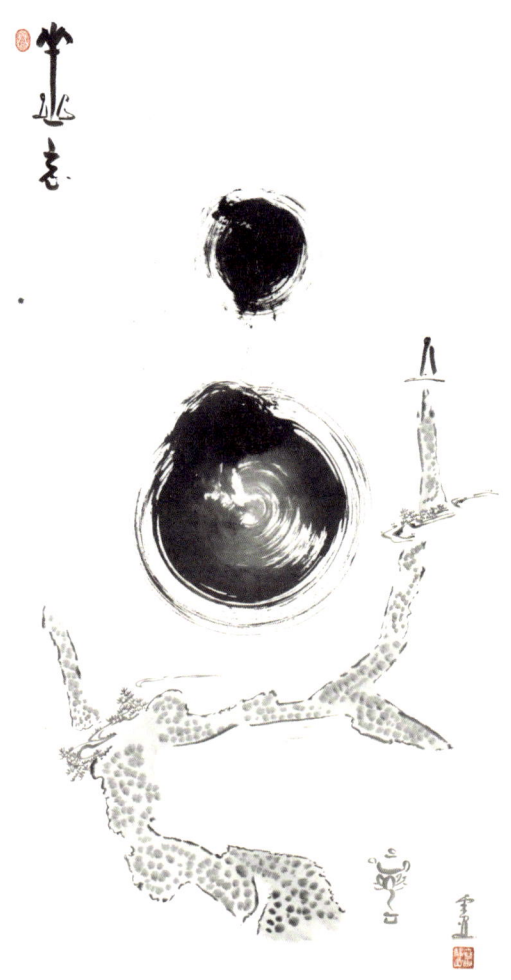

雪山静岩博士 《坐忘》

随 心

大千俱坏我不坏,
劫火炽燃由他燃。
怎么明白随心去,
天地之间独往来。

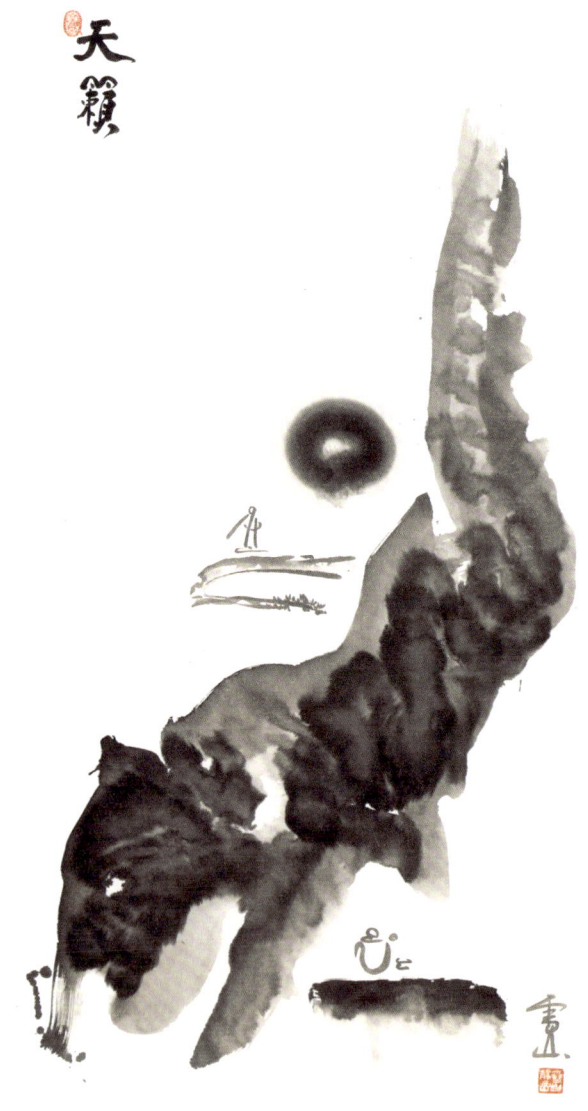

雪山静岩博士 《天籁》

合 道

任性合道一白衣,

当下无喜亦无忧。

悬崖放手心自在,

不度迷人誓不休。

对　坐

对面空空坐者谁，
茶水清清根尘飞。
禅心自有禅心应，
如来如去如此杯。

雪山静岩博士 《一合相》

圆 通

一通百通处处通,
如月印水风行空。
参得究竟本来面,
直上无界妙高峰。

天 道

奋起直指晓古今,
玄之又玄微妙音。
和光同尘情似海,
竹山何处不青青。

易

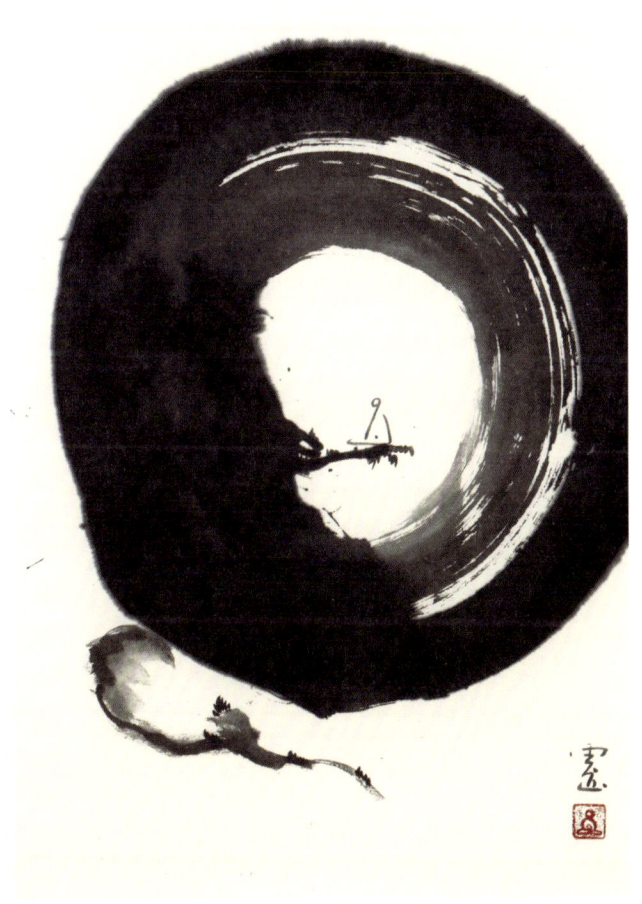

雪山静岩博士 《易》

万 行

大丈夫，行十方。

十方世界炼心场。

实际理地如如法，

万行门中处处芳。

雪山静岩博士 《度》

谁

日间浩浩谁作主？

梦里悠悠主是谁？

弥勒授记谁秉受？

生灭寂静元是谁？

非 常

誓破牢关尘尘味,

秘在形山会不会?

千古万古谁是我?

道非常道拈花慧。

凌 波

托举禅杖挑日月,

赤脚凌波舞翩跹。

饥食惺惺云蒸饭,

困眠寂寂一念间。

雪山静岩博士 《大道》

梦

曹溪一梦印禅心,

灵鹫峰高笔耕勤。

彻夜无眠传灯录,

如镜影物尽无尽。

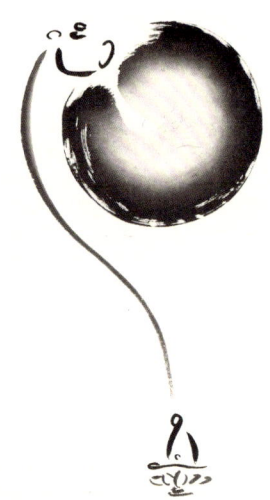

雪山静岩博士 《平常心是道》

重 逢

因爱白雪故恋冬,

为存积雪来栽松。

我愿无穷亦无尽,

行云流水喜相逢。

逍 遥

得意自笑天地惊，

失意惚恍卧花间。

恰恰有心江湖事，

处处无心逍遥人。

中 空

看中中道中难道,

悟空真空真不空。

中空本来无一物,

奈何缘起迷影踪。

靈
山

雪山静岩博士 《灵山》

雪山静岩博士 《极乐》

师　道

一心不乱调众魔，

二手劈开巨浪波。

三生万物育桃李，

四时常见立地佛。

忆长白

脚蹬天池六月雪,
拳击妙高峰上云。
静如掣电瞬息变,
动似长白本来机。

颂长白

池上碧岩灵云飞，

禅子箫送晚霞归。

须弥顶上无生花，

高炉凝雪烹密茶。

同门同心非同色，

月下篝火不似他。

云上千峰江湖路，

水月禅舍藏万家。

雪山静岩博士 《玄玄》

知 梦

秋意绵绵叶芬芳,
习箭切切喜穿杨。
得意归家马蹄疾,
哪知故乡是梦乡。
曾佩倚天屠龙剑,
纵横四海三途荒。
威风八面归何处,
荣枯宠辱梦黄粱。

得 意

怒目扬臂文殊剑,

杀贼活人皆方便。

向死求生金刚体,

摩尼宝珠瞬间现。

嗨哆啦,哆啦嗨,

朝霞至,暮色回,

百鸟飞,禅者归。

得意春风漫山坡,

如是如是舞婆娑。

上　都

说奇不奇也大奇，

立地飞行跨九州。

亘古绵长争端续，

相逢一笑泯恩仇。

不辞冰雪金莲在，

寰宇时空一周流。

云水禅心悠悠梦，

一念万年如来游。

雪山静岩博士 《向天歌》

华 雨

挥剑直破烦恼山,

策马扬鞭不需鞍。

华雨满天说法雨,

欢喜哪见烛灯残?

兴废人间弹指间,

不过渴饮与饥餐。

精进未必能合道,

平常心里不二船。

雪山静岩博士 《悟空解脱静》

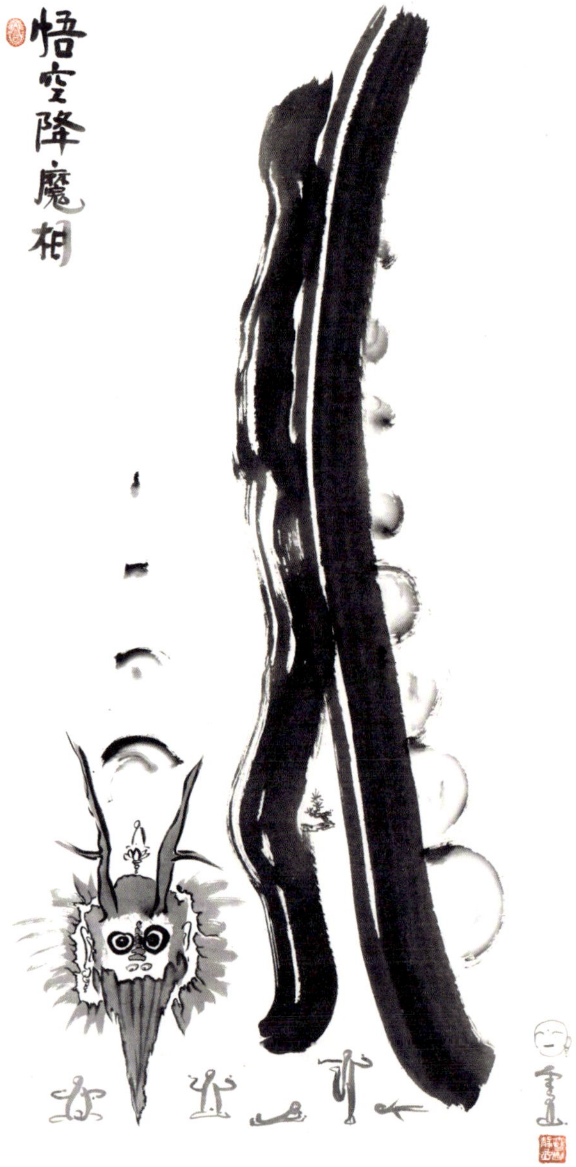

雪山静岩博士 《悟空降魔相》

雪山静岩博士 《悟空利众图》

雪山静岩博士 《华严》

寻剑堂

月朗星稀,

落落风来兮。

涧壑纵横聚英齐,

长啸一声浩气。

天高云淡,

莽莽曹溪坛。

清茶薄酒松下谈,

十方入此宗禅。

雪山静岩博士 《春秋》

夜读有感

白露秋长春,

潇潇夜雨浥心尘;

月下清凉心,

青青寒舍沐霜晨;

霜夜至霜晨,

历历妙音摄有情;

离离日色新,

渐行渐行不留行。

不 二

求道不二门，

探疾维摩老。

将心感众苦，

何来苦众生。

道！道！

千年水月今犹在，

拈一放一心滔滔。

雪山静岩博士　《金刚菩提眼》

虚 实

众生皆有佛性，
　念念清净则应。
潇潇寒潭现水月，
　是实是虚是明？
显时布满大千，
　微入毛孔普现。
高低上下又方圆，
　是顿是渐是心？

道 场

天一圆,

地一相,

身在异处梦铿锵,

离梦是故乡。

日一光,

月一光,

念念聒碎心痴狂,

人间是道场。

赠灵川

五十一年游子，
八千里路云月，
时时流落向天涯，
蹉跎几度年华。
己亥新春惊雷，
花开花谢花泪，
洒满人间真情在，
把酒青天不醉。

诗情画意·禅颂 | 151

雪山静岩博士 《万法归一》

丝 路

回首望,沥沥春秋汉唐,

　　目所及,狼烟狂,

　　千年古道话沧桑。

当下放,浩然之气雄壮,

　　修身心,莫彷徨,

　　法雨如月透清凉。

遍十方,红尘处处道场,

　　融你我,爱无疆,

　　游刃东西不二乡。

高 明

茫茫人海潮，

风落落，雨飘摇。

拈花梦醒时，

心如沧海，音隐琴箫。

直指人心九重天，

等闲看，一曲风波烟。

俯仰人间天上，纵马扶摇寻剑。

鲲鹏展翅驾长风,

无上清凉峰。

青山执手望,

悠悠荡荡,无语情长。

号角连营匆匆,

任蛮欢喜乐不须从。

得意乾坤不住,须弥山顶从容。

诗情画意·禅画

归 宗

春意融融,

拂面又新风。

心有灵犀一点通,

道远关山入梦。

箫鸣真空如如,

琴唱玄机重重。

三界云深雾重,

法尔如是归宗。

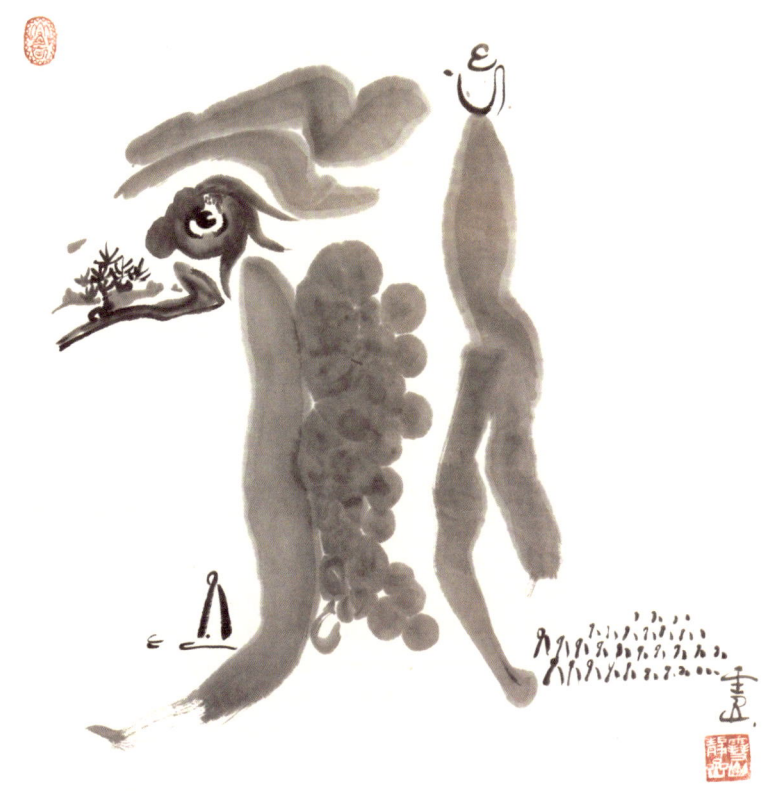

雪山静岩博士 《慧眼》

长 安

怜兮悯兮，业习积积；

拣兮择兮，举步岌岌；

怨兮贪兮，我有凄凄；

忏兮悔兮，闻法悋悋；

生兮灭兮，其心寂寂；

信兮行兮，唯愿一一。

愿

燃长夜之灯,群盲顿晓,
拈无叶之花,法界齐观。
洒灵丹万千,点石成金,
遂禅风广衍,平常不常。
破水中月影,触目皆真,
立丈夫之志,通身是胆。
悟禅法归元,处处充满,
藉醍醐上味,三界共尊。

行 脚

点点蒹葭，

可见青山纵马？

处处孤烟，

许谁沧浪归家？

心心不离，

顿悟一念当下，

时时不弃，

牵手你我芳华。

雪山静岩博士 《醍醐》

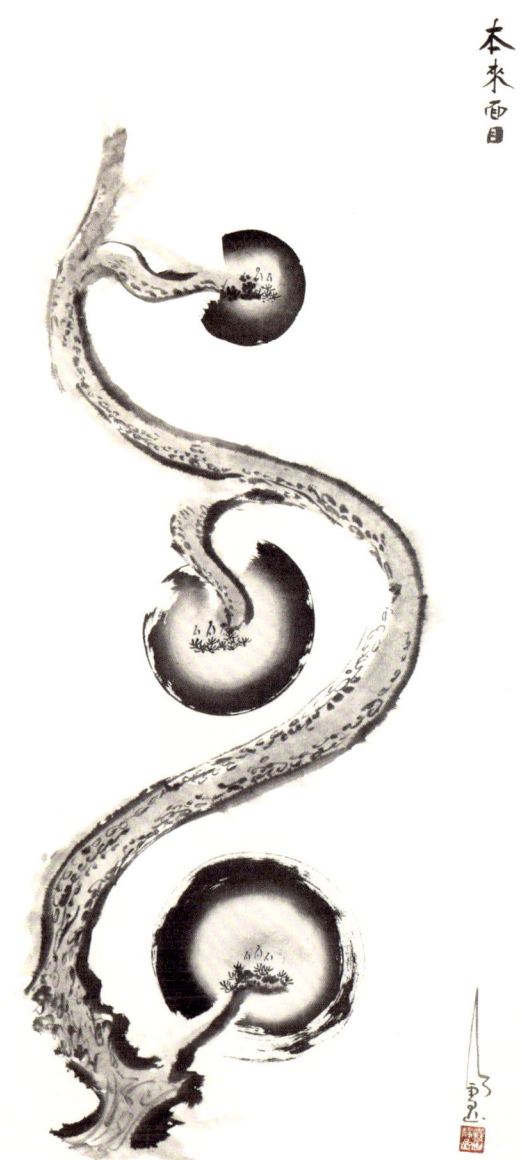

雪山静岩博士 《本来面目》

如 梦

人生如在梦,梦中纷纷闹。

觉者睡不著,迷者睡不醒。

悟者梦中游,愚者随梦走。

言真真无形,穷妄妄无相。

守真归何处,妄岂离心有。

会道如会梦,一悟无别悟。

说法无所得,是名狮子吼。

雪山静岩博士 《太极》

中 秋

中秋夜,圆满界,

一音周流通慧眼,

月相阴晴似难全。

全不全,一念间,

皎洁清光遍大千,

十方水月印海天。

雪山静岩博士 《龙》

颂诀

可诵可唱
可参可悟

中庸诀

天命之谓性;率性修道教。

道者不可离;可离非道也。

是故君子慎;君子慎其独。

中者天下本;和者天下道。

仲尼曰中庸;君子之中庸。

君子而时中;小人无忌惮。

中庸其至乎;民鲜能久矣。

人莫不饮食;鲜能知味也。

用其中於民;其斯以为舜。

择乎中庸而;不能期月守。

中庸得一善;天下可均也。

君子和不流;中立而不倚。

君子遵道行;唯圣者能之。

君子道费隐；言其上下察。

子道不远人；以人治人改。

施己而不愿；亦勿施於人。

德行言之谨；有馀不敢尽。

君子素其位；反求诸其身。

行远必自迩；登高必自卑。

如在其左右；诚之不可掩。

德为圣人尊；大德必得寿。

故天之生物；自天德者命。

天下之显名；父母无贵贱。

善继人之志；善述人之事。

事死如事生；事亡如事存。

为取人以身；修身修道仁。

不可不修身；不可不事亲。

不可不知人；不可不知天。

达道达德行；其成功一也。

好学近乎知；力行近乎仁。

知耻近乎勇；三者知修身。

知所以修身；知所以治人。

知所以治人；所以治天下。

修身则道立；尊贤则不惑。

亲亲则不怨；敬臣则不眩。

体群则礼重；子民则百劝。

来工则用足；柔人则归之。

怀侯则畏之；所以修身也。

天下有九经；所以行者一。

反者身不诚；不顺乎亲矣。

诚身有道明；善诚乎身矣。

诚者天之道；诚之者人道。

从容中道圣；择善执之者。

人一能之百；人十能之千。

自诚明谓性；自明诚谓教。

唯天下至诚；为能尽其性。

能尽其性则；能尽人之性。

能尽人之性；能尽物之性。

能尽物之性；天地之化育。

可赞天地育；则与天地参。

致曲能有诚；诚则形著明。

明则动变化；至诚为能化。

至诚道前知；故至诚如神。

诚者自成也；而道自道也。

诚者自成己；所以成物也。

成己成物德；合外内之道。

至诚不息久；久则征悠远。

悠远则博厚；博厚则高明。

博厚载物也；高明覆物也。

圣人道洋洋；发育万物天。

故苟不至德；至道不凝焉。

尊德问学精；高明道中庸。

温故而知新；敦厚以崇礼。

是故上下道；明以保其身。

愚而好自用；贱而好自专。

生乎今之世；灾及其身也。

故君子之道；本身建天地。

不惑无疑人；动世天下道。

行世天下法；言世天下则。

远之则有望；近之则不厌。

仲尼祖尧舜；上天下水土。

天地无不载；日月之代明。

物育不相害；道行不相悖。

唯天下至圣；为能明睿知。

凡有血气者；尊亲故配天。

唯天下至诚；纶天下大经。

立天下大本；知天地化育。

肫肫其仁渊；其渊浩浩天。

苟不圣德者；其孰能知之。

故君子之道；暗然而日章。

德輶如毛伦；无声无臭至。

雪山静岩博士 《色即是空》

玄机诀

玄之又玄,众妙之门。

有无相生,前后相随。

虚心实腹,弱志强骨。

挫锐解纷,和光同尘。

多言数穷,不如守中。

谷神不死,绵绵若存。

天长地久,身先身存。

上善若水,心善无尤。

长保能守,功身天道。

生之蓄之,是谓玄德。

有之为利,无之为用。

为腹不目,去彼取此。

宠辱若惊,大患若身。

能知古始,是谓道纪。

浊静徐清,安动徐生。

守静归根,复命知常。

功成事遂,皆谓自然。

大道智慧,不和混乱。

见素抱朴,少私寡欲。

绝学无忧,而贵食母。

孔德之容,象物精信。

夫唯不争,诚全归之。

希言自然,信不足信。

自明自彰,自功自长。

人法地天,道法自然。

重为轻根,静为躁君。

常善救人,常善救物。

常德婴儿,常德无极。

为者败之,执者失之。

物壮则老,是谓不道。

君子之器，恬淡为上。

道常无名，始制有名。

知人者智，自知者明。

大道泛兮，其可左右。

道之出口，淡其无味。

是谓微明，柔弱胜强。

道常无为，而无不为。

上德不德，是以有德。

神得一灵，谷得一盈。

反者道动，弱者道用。

上士闻道，勤而行之。

道生一二，三生万物。

不言之教，无为之益。

知足不辱，知止不殆。

大成若缺，清静为正。

天下有道，知足常足。

其出弥远，其知弥少。

为学日益，为道日损。

善者德善，信者德信。

善摄生者，其无死地。

道德自然，是谓玄德。

守柔曰强，复归其明。

行于大道，唯施是畏。

善建不拔，善抱不脱。

知和曰常，知常曰明。

知者不言，言者不知。

无为自化，无欲自朴。

正复为奇，善复为妖。

深根固蒂，长生之道。

道莅天下，德交归焉。

天下之交，以静为下。

坐进此道，为天下贵。

终不为大，能成其大。

千里之行，始于足下。

常知稽式,是谓玄德。

江海善下,为百谷王。

慈俭不敢,为天下先。

不争之德,配天之极。

不敢为主,不敢进寸。

是以圣人,被褐怀玉。

知不知上,不知知病。

无狭所居,无厌所生。

天网恢恢,疏而不失。

民不畏死,何以死惧。

上之有为,无以生为。

人生柔弱,其死坚刚。

以奉天下,唯有道者。

弱之胜强,柔之胜刚。

天道无亲,常与善人。

甘食美服,安居乐俗。

圣人之道,为而不争。

雪山静岩博士 《一音演法》

圆相诀

入法界时,满月光明。

周遍十方,行列庄严。

菩萨智慧,法界充满。

说法无尽,等虚空界。

天常见人,人不见天。

无变化法,现变化事。

甚深法界,明了一切。

觉非有量,复非无量。

一一方便,念念所变。

凡夫妄惑,世常流转。

求一切智,开菩提门。

色相有别,智慧无异。

演微妙音,遍一切刹。

被忍辱甲,提智慧剑。

妙音演法,普门示现。

随其愿力,而修行故。

一一毛孔,无量刹海。

如是法界,皆游法海。

若来若去,若行若止。

智慧光明,究竟无碍。

流转有趣,不忘菩提。

十方法界,从禅定起。

善知识者,难得可见。

难得可闻,难可出现。

难得奉事,难得亲近。

难可逢值,难得随逐。

拔邪见刺,破疑惑山。

心得清凉,生大欢喜。

持其志力,净其念力。

开示正见,拔诸见毒。

大功德焰，烧众生惑。

入智慧海，净法界境。

达一切趣，遍无量刹。

辩才无尽，为众生依。

令无有余，必不退转。

智灯圆满，法身自在。

佛智所知，非我能测。

光明洞彻，莫知涯际。

令可化者，心华开敷。

如净水中，普见虚空。

目光不瞬，圆光一寻。

生如来家，增长白法。

演深海藏，如海无尽。

起菩萨智，照菩萨法。

心清净故，无有退转。

游空无碍，常乐我净。

最初因缘，勿生疲厌。

随导师学,成一切智。

了知法界,种种差别。

无依无住,平等无二。

结跏趺坐,离出入息。

无别思觉,身安不动。

为著我者,说无有我。

为执常者,说皆无常。

为贪行者,说不净观。

为嗔行者,说慈心观。

为痴行者,说缘起观。

为等分者,说慧应法。

为乐界者,说无有法。

为乐静者,说益众法。

见法性门,足大悲水。

法性明了,所行无碍。

能以正法,教化世间。

佛身普放,大光明网。

佛身毛孔，皆出妙香。

身出妙香，普熏一切。

一刹那顷，遍至十方。

一丸熏之，心念于佛。

于一念中，众生同住。

得其智慧，达其平等。

如来圆光，不思议相。

无量亿劫，导师难遇。

大慈周遍，大悲润泽。

随心所欲，所见不同。

普入诸法，无有乖诤。

一一尘中，出一切世。

一一毛孔，出一切界。

观其游戏，入其微妙。

到无畏处，毕竟安乐。

遇圆满光，生大欢喜。

画梦所见，圆相如是。

雪山静岩博士 《凤鸣九天》

圆相颂

【高明中庸　修身为本】

　　天命率性修道教，

　　天地万物致中和。

　　见隐显微君慎独，

　　诚明明诚诚为本。

【楞严大定　不可思量】

　　生命要素念气血，

　　二面三方不可量。

　　语默动静体安然，

　　初发心时便正觉。

【水墨禅境　物我一昧】

心地禅花无尽美，

禅心观空美无尽。

观禅时时照心美，

美心处处即禅观。

【观即是美　美即是观】

天女散花色即空，

空即色缘观众生。

香积寮现妙香饭，

美美与共观如来。

【圆相法界　超越时空】

一一毛孔无量空,

一一法界无量寿。

一一微尘无量土,

一一圆相无量光。

【圆成实相　人间净土】

圆成实相妙庄严,

见见非见缘起空。

人间净土自在心,

不二皆同无不容。

雪山静岩博士 《清凉》

运气诀

以意行气,以气运身。

一吸便提,气气归脐。

一提便咽,水火相见。

意欲向左,必先右去。

意欲向上,必先寓下。

前去之中,必有后撑。

通于脊背,形于手指。

力由脊发,气生丹田。

腰为中轴,气贯长虹。

一开一合,一虚一实。

开合虚实,轻灵圆转。

由松入柔,刚柔相济。

虚实互换,忽隐忽现。

神聚于眼,神气活现。

意动相随,身心不二。

龙珠

雪山静岩博士 《龙珠》

至宝坛经悟道诀

【行由品第一】

开缘说法,愿闻法要。

菩提自性,本来清净。

一闻经语,心即开悟。

惟求作佛,不求余物。

自性若迷,福何可救。

本来无物,何处尘埃。

求道之人,为法忘躯。

善自护念,广度有情。

不思善恶,本来面目。

一十五载,随宜说法。

风动幡动,仁者心动。

智者了达,其性无二。

【般若品第二】

心念般若,波罗蜜多。

只缘心迷,不能自悟。

般若智慧,不在口念。

迷人口说,智者心行。

前念迷凡,后念悟佛。

如此修行,定成佛道。

若无尘劳,智慧常现。

自用智慧,不假文字。

去来自由,通达无碍。

大善知识,直示正路。

发愿受持,终身不退。

烦恼暗中,常生慧日。

【决疑品第三】

造寺设斋,实无功德。

功德在法,不在修福。

见性是功,平等是德。

修性是功,修身是德。

愿生西方,去此不远。

说远下根,说近上根。

迷人念佛,悟人心净。

身中净土,便睹弥陀。

佛性中作,莫身外求。

若欲修行,在家亦得。

心平行直,定生红莲。

菩提心觅,何外求玄。

【定慧品第四】

定是慧体,慧是定用。

心口俱善,定慧即等。

自悟修行,不在于诤。

灯是光体,光是灯用。

行住坐卧,常行直心。

直心道场,直心净土。

迷人著法,障道因缘。

心不住法,道即通流。

迷人渐修,悟人顿契。

无念无相,无住为本。

不识法意,自迷不见。

若有所得,妄说祸福。

【坐禅品第五】

此门坐禅,元不看心。

若言看心,心元是妄。

若言看净,人性本净。

起心看净,却生净妄。

作此见者,却被净缚。

迷人不动,与道违背。

心念不起,自性不动。

离相为禅,不乱为定。

心不乱者,是真定也。

外禅内定,是为禅定。

菩萨本性,元自清净。

自修自行,自成佛道。

【忏悔品第六】

诸善知识,皆共有缘。
五分法香,各自内熏。
无相忏悔,三业清净。
忏其前愆,悔其后过。
自性自度,是名真度。
自性三宝,常自证明。
三身如来,从自性生。
性本清净,此名法身。
念念圆明,此名报身。
自性变化,此名化身。
自悟自修,是真皈依。
心除罪缘,自真忏悔。

【机缘品第七】

诸佛妙理,非关文字。

定慧等持,双修是正。

心迷法转,心悟转法。

性具三身,明成四智。

法无四乘,人心等差。

无上涅槃,圆明寂照。

汝当化方,无令断绝。

汝既如是,吾亦如是。

因看维摩,发明心地。

生死事大,如是如是。

应用无碍,无不定时。

达摩大师,正法眼藏。

【顿渐品第八】

法即一种,见有迟疾。

法无顿渐,人有利钝。

一具臭骨,何为立功。

自性起用,真戒定慧。

应用随作,应用随答。

正剑不邪,邪剑不正。

吾久念汝,汝来何晚。

柱杖打三,是痛不痛。

二边生灭,自性不见。

心迷问路,心悟自见。

吾有一物,无名无字。

实性立门,言下自见。

【护法品第九】

密受忍法,传佛心印。

师表辞疾,愿终林麓。

道由心悟,岂在坐也。

无所从来,亦无所去。

一然千灯,明明无尽。

道无明暗,相待立名。

烦恼菩提,无二无别。

无二之性,即是实性。

不生不灭,性相如如。

本自无生,今亦不灭。

湛然常寂,妙用恒沙。

托疾毗耶,谈不二法。

【付嘱品第十】

说一切法,莫离自性。

一十八界,从性起用。

无情五对,法相十二。

自性起用,此十九对。

三十六对,贯一切法。

依法修行,无相法施。

二道相因,生中道义。

能善分别,第一不动。

一相一行,定证妙果。

有道者得,无心者通。

自性真佛,无生无灭。

端坐迁化,普利群生。

雪山静岩博士 《妙应》

金刚诀

如是我闻,佛与大众。
次第乞已,敷座而坐。
合掌恭敬,希有世尊。
护念付嘱,应如是住。
所有一切,众生之类。
我皆令入,无余涅槃。
应无所住,不住于相。
不可思量,无相布施。
凡所有相,皆是虚妄。
若见非相,即见如来。
一念净信,悉知悉见。
法尚应舍,何况非法。
佛所说义,无有定法。
一切圣贤,无为差别。

一切诸佛,从此经出。
所谓佛法,即非佛法。
无诤三昧,人中第一。
实无所行,阿兰那行。
庄严佛土,即非庄严。
应无所住,而生其心。
于此经中,受四句偈。
为他人说,胜前福德。
若是经典,所在之处。
即为有佛,若尊弟子。
佛说世界,即非世界。
三十二相,即是非相。
如是经典,未曾得闻。
信解受持,无量功德。
荷担如来,即为是塔。
以诸华香,而散其处。
此经功德,我若具说。

不可思议,亦不思议。

实无有法,如来可得。

通达无我,真是菩萨。

恒河世界,所有众生。

若干种心,如来悉知。

若福有实,不说得多。

以福无故,说福德多。

具足色身,具足诸相。

即非具足,是名具足。

无法可说,是名说法。

彼非众生,非不众生。

为无所得,无少法得。

如是如是,是名菩提。

是法平等,无有高下。

以无相法,是名善法。

以此般若,为他人说。

于前福德,所不能及。

我度众生，莫作是念。

说有我者，即非有我。

若以色见，以音声求。

是行邪道，不见如来。

诸法断灭，莫作是念。

菩提心者，不说断灭。

知法无我，得成于忍。

不受福德，不贪福德。

来去坐卧，无所从来。

亦无所去，故名如来。

三千大千，碎为微尘。

一合相者，即不可说。

我所说义，是人不解。

如是信解，不生法相。

一切有为，梦幻泡影。

如露如电，应如是观。

雲龍

不二修养 生命暖阳

不二修养　　不二美术馆　　茶密学堂